RACONTE-MOI

JOEY
SCARPELLINO

La collection Raconte-moi *est une idée originale*
de Louise Gaudreault et de Réjean Tremblay.

Éditeurs-conseils : Louise Gaudreault
   et Réjean Tremblay
Coordination éditoriale : Pascale Mongeon
Direction artistique : Julien Rodrigue
   et Roxane Vaillant
Illustrations : Josée Tellier
Infographie : Diane Marquette
Révision : Brigitte Lépine
Correction : Céline Vangheluwe

DISTRIBUTEUR EXCLUSIF :

Pour le Canada et les États-Unis :
MESSAGERIES ADP inc.*
2315, rue de la Province
Longueuil, Québec J4G 1G4
Téléphone : 450-640-1237
Télécopieur : 450-674-6237
Internet : www.messageries-adp.com
* filiale du Groupe Sogides inc.,
   filiale de Québecor Média inc.

**Catalogage avant publication de Bibliothèque
et Archives nationales du Québec et
Bibliothèque et Archives Canada**

Delisle-Crevier, Patrick

   Joey Scarpellino

   (Raconte-moi)
   Pour les jeunes de 8 à 11 ans.

   ISBN 978-2-924025-99-4

   1. Scarpellino, Joey - Ouvrages pour la jeunesse. 2. Acteurs de télévision - Québec (Province) - Biographies - Ouvrages pour la jeunesse.
I. Titre. II. Collection : Raconte-moi.

PN2308.S32D44 2015   j791.45092
C2015-941755-4

09-15

Imprimé au Canada

Dépôt légal : 2015
Bibliothèque et Archives nationales
du Québec

ISBN 978-2-924025-99-4

Gouvernement du Québec – Programme de crédit
d'impôt pour l'édition de livres – Gestion SODEC –
www.sodec.gouv.qc.ca

L'Éditeur bénéficie du soutien de la Société de
développement des entreprises culturelles du
Québec pour son programme d'édition.

 Conseil des Arts   Canada Council
du Canada   for the Arts

Nous remercions le Conseil des Arts du Canada de
l'aide accordée à notre programme de publication.

Nous reconnaissons l'aide financière du
gouvernement du Canada par l'entremise du Fonds
du livre du Canada pour nos activités d'édition.

Patrick Delisle-Crevier

RACONTE-MOI
JOEY
SCARPELLINO

petit homme
Une société de Québecor Média

PRÉAMBULE

Il suffit de se rendre sur le tapis rouge du *KARV,* *l'anti.gala* une seule fois pour mesurer en décibels la cote de popularité de Joey Scarpellino auprès des jeunes filles. Aucune des stars qui défilent à l'entrée de ce prestigieux événement ne récolte autant de cris et ne reçoit autant d'amour des fans.

Les flashs des caméras s'enclenchent à grands coups saccadés, telles des mitraillettes sur son passage. Joey, tout sourire chaque fois, prend toujours le temps de saluer ses nombreuses admiratrices, de se faire prendre en photo et de signer des autographes. Le jeune homme baigne comme un poisson dans l'eau dans cette immense popularité, tout en gardant cependant les deux pieds sur terre.

Joey se destinait à une carrière qui semblait prometteuse dans le hockey, mais le théâtre entre

dans sa vie de façon presque accidentelle, à l'âge de 10 ans. Grâce aux cours de théâtre, ce garçon plutôt timide sort peu à peu de sa coquille. Il a rapidement la piqûre pour le jeu et décide de devenir acteur. Pour y arriver, il poursuit sa formation, prend un agent et se rend à un nombre incalculable d'auditions pour des campagnes publicitaires ou des petits rôles à la télévision ou au cinéma. Chacune de ces auditions se solde par un refus.

Joey passe souvent près de décrocher le rôle convoité, mais il termine toujours bon deuxième. Jusqu'au jour de son audition pour le rôle de Thomas, dans ce qui deviendra la populaire série télévisée *Les Parent*. Il obtient ce premier rôle taillé sur mesure pour lui. Il n'a alors que 13 ans et c'est sa première expérience à la télévision. Mais la série le propulse rapidement au rang d'idole auprès des jeunes, et particulièrement des jeunes filles.

Le nom de Joey Scarpellino se retrouve souvent en couverture de plusieurs magazines populaires et sur des sites Web, où le jeune homme se confie sur certains pans de sa vie, dont son enfance. Il ne joue pas la carte du petit gars parfait. Non, tout n'a pas toujours été rose pour l'enfant qui, à 10 ans, souffrait de graves troubles alimentaires. Il accepte d'en parler sans gêne pour briser le silence autour de maladies comme la boulimie et l'anorexie.

Plusieurs peuvent croire que si Joey Scarpellino fait ce métier aujourd'hui, c'est avant tout à cause de son joli minois et de ses attributs physiques. Pourtant, Joey lui-même avoue qu'on ne l'a jamais engagé pour son apparence, bien au contraire. En fait, il n'a jamais tenu un rôle de jeune premier.

Son succès, il le doit à sa persévérance et à son talent bien plus qu'à sa beauté. Celui qui porte le nom de « Joey 5e », selon la tradition familiale, a travaillé fort pour devenir la vedette qu'il est aujourd'hui. Rien ne prédestinait ce jeune garçon jadis timide à ce succès populaire. Voici donc le parcours étonnant de Joey Scarpellino…

LA NAISSANCE DE JOEY 5ᴱ

Le 10 juin 1994, le petit Joey Scarpellino 5e prend sa première photo de passeport. Il n'a que 10 jours sur ce cliché. Le bébé aux yeux tout bleus a besoin de cet important document qui lui permettra de voyager, car il partira bientôt avec sa mère rejoindre son père, Joey 4e, à sa demeure dans le Connecticut, aux États-Unis.

L'enfant italo-québécois descend d'une lignée d'individus qui portent le même prénom de père en fils. Ce n'est pas banal puisque son père, son grand-père, son arrière-grand-père et son arrière-arrière-grand-père se nomment tous Joey Scarpellino !

Les parents de Joey 5e se sont rencontrés sur un bateau de croisière. Joey Scarpellino 4e, un Américain qui à cette époque était livreur pour la compagnie UPS et Nathalie Cadieux, une

CANADA

PASSPORT
PASSEPORT

Type/Type   Issuing cou

P   CAN

Surname/Nom
SCARPELLINO V

Given names/Prénoms
JOSEPH

Nationality/Nationalité
CANADIAN/CANADI

Date of birth/Date de na
31 MAY / MAI 9

Sex/Sexe   Place of b
M   ST-JEA

Date of issue/Date de
08 JUNE / JUI

Date of expiry/Date d'
08 JUNE / JUI

P<CANSCARPELLINO<V<<JOSEPH<<<<<<<<<<<<

Québécoise, était en vacances à bord du luxueux paquebot.

Dès la première rencontre, c'est le coup de foudre entre eux. Pourtant, ils se comprennent à peine. La jeune femme ne parle presque pas anglais et l'homme ne connaît pas un seul mot de français. Mais l'amour s'installe rapidement.

Quelques semaines plus tard, Nathalie tombe enceinte. Devant cette nouvelle imprévue, le couple, qui en est encore à ses premiers balbutiements, se marie. Le 31 mai de l'année suivante, un beau bébé joufflu voit le jour. Il se nommera lui aussi, comme le veut la tradition familiale, Joey.

Au début, Nathalie se rend régulièrement au Connecticut avec son fils pour rejoindre son mari, Joey 4e, à New Haven. Ils font souvent le trajet Montréal-Hartford en avion.

Mais les quelque 500 kilomètres qui les séparent deviennent vite un obstacle pour le couple. Impossible de maintenir une vie de famille à distance. Nathalie décide donc de tout laisser derrière elle pour s'installer aux États-Unis avec le père de son enfant. Mais elle se rend vite compte que la vie là-bas n'est pas simple pour une femme qui ne parle presque pas anglais. En plus, sa vie au Québec lui manque beaucoup. Peu à peu, l'effet du coup de foudre entre elle et Joey 4e s'estompe.

Leur relation se termine aussi vite qu'elle a commencé. Le petit Joey n'a que six mois lorsque le couple divorce. L'enfant et sa mère rentrent au bercail et s'installent à nouveau à Saint-Jean-sur-Richelieu, en Montérégie.

Après la séparation, Nathalie et Joey 4e s'entendent sur une garde partagée. Joey 5e passera trois semaines avec sa mère et une semaine par mois chez son père. Les deux parents prennent l'habitude de se rejoindre à mi-chemin, à White River Junction dans le Vermont, pour faire le changement de maison.

Joey 5e passera donc les premières années de sa vie à promener sa petite valise et à côtoyer deux cultures bien différentes. La culture francophone au Québec, avec une mère très permissive, et la culture italienne aux États-Unis, où il parle en anglais avec sa famille, avec un père qui lui impose des règles plus strictes.

Du plus loin qu'il se souvienne, Joey n'a jamais souffert de la séparation de ses parents. Il faut dire qu'il n'a aucun souvenir d'eux ensemble. Même qu'il aimait bien avoir deux maisons, deux chambres et une double nationalité, ce qui lui a permis d'être bilingue.

Il a appris ses premiers mots dans les deux langues. À deux ans, il parle autant en anglais qu'en français. Il peut dire : « Regarde maman, un cheval ! » en s'adressant à sa mère, puis se retourner vers son père et dire : « *Look Daddy, a horse !* ». L'enfant passera donc les cinq premières années de sa vie à voguer aisément entre ses deux identités.

2

UNE PETITE ENFANCE ENTRE DEUX PAYS

New Haven est une petite ville de l'État du Connecticut, aux États-Unis. Elle est d'abord reconnue pour sa célèbre Université Yale, qui est l'une des plus prestigieuses du pays. L'endroit est aussi renommé pour son quartier italien, qui gravite autour de Wooster Square. Plusieurs prétendent qu'on y trouve quelques-uns des meilleurs restaurants italiens en Amérique du Nord. Certains chefs de l'endroit proclament même qu'ils font la meilleure pizza au monde.

C'est là qu'habite Joey 4e. Il loge au deuxième étage d'un gros immeuble de la rue Warren qui appartient à son père, Joey 3e. Cette famille typiquement italienne est très unie et cohabite dans le même édifice.

Joey 3e habite au troisième étage avec Angie, sa deuxième femme. Puis, au rez-de-chaussée, on retrouve Joey 2e, l'arrière-grand-père de Joey, et au sous-sol, Anne-Marie, l'ex-femme de Joey 3e.

Durant son enfance, Joey 5e passera une grande partie de ses étés et des congés fériés chez son père. Ils vivront ensemble beaucoup de précieux moments père-fils.

Joey 4e l'emmènera souvent jouer au baseball au parc. D'ailleurs, le père de Joey est un ancien joueur qui était promis à une belle carrière. Il aurait même pu joindre les rangs professionnels. Mais le talent n'est parfois pas suffisant pour atteindre les ligues majeures du baseball. Il y a très peu d'élus. Joey 4e a eu envie d'un avenir plus stable.

Lorsque son fils avait à peine deux ans, il a décidé d'accrocher son gant pour retourner aux études afin de s'assurer une carrière et un avenir financier plus certain.

Durant ces années, Joey 4e travaille le jour en tant que livreur de colis pour la compagnie UPS et est souvent sur les bancs d'école le soir. Pendant ce temps, Joey 5e se fait garder par un membre ou l'autre de sa famille.

Parfois, son père le confie aux bons soins d'Anne-Marie, sa grand-mère. D'autres fois, c'est Joey 3e, son grand-père, ou encore Angie, sa grand-mère d'adoption, qui s'occupent de leur petit-fils.

Le petit Joey adore se faire garder par ses grands-parents. Il a ses habitudes et des activités bien précises avec chacun d'eux.

Lorsqu'il se fait garder par Angie, celle-ci l'emmène parfois avec elle au restaurant où elle travaille. Joey l'aide à faire des pizzas. Il s'amuse à pétrir et à rouler la pâte et dépose les garnitures sur les pizzas. Il est aide-cuisinier et il adore ça.

Mais attention, les règles sont strictes ! Pas question de s'approcher de l'imposant four à pizza et de la plaque chauffante, ou de toucher à des ustensiles tranchants. Angie veille au grain et Joey est sous haute surveillance dans la petite cuisine du restaurant.

Joey aime aussi les moments passés avec Anne-Marie, qu'il appelle *Grandma,* et qui est probablement la plus *cool* des grand-mères de New Haven. Elle se promène en décapotable et adore faire des courses de go-kart avec son petit-fils. Les journées ne sont jamais ennuyantes avec elle. Joey se confie beaucoup à Anne-Marie, qui est comme une deuxième mère pour lui.

Joey est aussi très proche de son grand-père, Joey 3e, un homme d'affaires très respecté dans le quartier. On le surnomme « Joe Duck » parce qu'il marche avec les pieds légèrement ouverts vers l'extérieur, comme un canard.

Le grand-père de Joey est un colosse. Son imposante stature lui donne un air de dur aux yeux de plusieurs, mais tout le monde l'aime et l'admire à New Haven.

Joe Duck laisse rarement voir ses émotions, sauf quand il se trouve avec son petit-fils. Il retombe alors en enfance et n'hésite pas à s'agenouiller sur le plancher, pour jouer aux petites voitures ou avec des figurines de Tortues Ninja, l'un des jouets préférés de Joey à l'époque.

Joey conservera de beaux souvenirs de ce temps passé avec son grand-père. Il se souviendra des matchs de hockey improvisés dans le stationnement en compagnie d'autres enfants du quartier.

Parfois, son grand-père et lui vont visiter Angie pendant qu'elle travaille au Sub Shop du coin, pour déguster un savoureux sous-marin aux boulettes de viande à l'italienne.

L'enfant s'y rend la plupart du temps à bord de sa voiturette électrique, tandis que son grand-père marche à ses côtés. Comme tout le monde se connaît dans le quartier, plusieurs voisins saluent le grand-père et son petit-fils au passage : « *Hi Joe ! Hi Joey !* », lancent les gens qui croisent le duo Scarpellino dans la rue.

Un jour, un des policiers du quartier décide de jouer un tour au petit Joey, alors qu'il est installé au comptoir du casse-croûte en compagnie de son grand-père. Le policier place une contravention pour stationnement interdit sur le véhicule jouet, laissé à quelques pas de l'entrée du restaurant.

À la sortie, lorsqu'il trouve le bout de papier, l'enfant n'est pas du tout débiné. Il est plutôt heureux et impressionné d'avoir reçu sa première contravention à vie !

Joey 3e, qui repère le policier au coin de la rue, lui envoie un clin d'œil approbateur en guise de remerciement. Joey gardera précieusement ce petit bout de papier, dont il est si fier.

Joey se souvient qu'enfant, il était aussi très fier de voir son père, le nez dans ses livres, en train d'étudier à la maison. Il l'a été encore plus lorsqu'il a assisté à la remise des diplômes. Son père était tellement souriant ce jour-là ! Avec un diplôme en affaires en poche, Joey 4e n'a eu aucun mal à se trouver un emploi. Il a gravi rapidement

les échelons dans son domaine, ce qui l'a mené plus tard à la vice-présidence de la compagnie de vêtements Kenneth Cole.

Jusqu'à la prématernelle, le petit garçon fait des allers-retours et partage sa vie entre le Québec et les États-Unis. Ensuite, son entrée à l'école vient compliquer les choses. Il est alors convenu que Joey restera chez sa mère durant l'année scolaire. Il verra son père beaucoup moins souvent.

Nathalie et son fils habitent juste en face de l'école primaire Saint-Lucien, que fréquente Joey, à Saint-Jean-sur-Richelieu, une petite ville connue au Québec pour son festival de montgolfières.

Joey n'a que cinq ans lorsqu'il s'y rend pour la première fois, au lever du soleil, pour admirer une envolée de montgolfières. Il passera de merveilleux moments à cet endroit durant toute sa jeunesse, à faire des tours de manèges et à assister à ses premiers spectacles, avec des amis ou en famille.

Dans la maison de Nathalie, les règles sont beaucoup moins strictes que chez les Scarpellino, à New Haven. Avec sa mère, Joey peut négocier beaucoup plus facilement l'heure d'aller au lit, les films qu'il peut visionner et les jouets qu'il peut se faire acheter. Comme son père habite loin et qu'il ne parle presque plus à Nathalie, il est difficile pour lui de s'y opposer ou de contrôler ce que fait Joey chez sa mère.

Joey comprend vite que si son père lui refuse un nouveau jouet lorsqu'il est à New Haven, sa mère le lui achètera quand il reviendra au Québec. Il n'hésite pas à profiter de la situation dès que l'occasion se présente.

Nathalie tente de ne pas trop gâter son fils, mais c'est difficile pour elle de refuser quoi que ce soit à son enfant unique. Elle finit par trouver une astuce pour que Joey n'ait pas tout ce qu'il veut tout cuit dans le bec à chaque fois, tout en renforçant son intérêt pour les tâches ménagères...

« Maman, je voudrais la nouvelle figurine de Batman, pis il y a aussi un nouveau Pokémon qui manque à ma collection.

— Tu as déjà trop de jouets, au point de ne plus savoir où les mettre, Joey !

— Maman, s'il te plaît, juste le Batman alors ?

— Bon, si tu veux le Batman, commence par faire le ménage de ta chambre et on verra... »

Ce qu'il faut savoir, c'est que Joey a déjà tous les jouets de Batman, incluant la prestigieuse Batmobile. Il a aussi plusieurs Barbies, avec la piscine assortie et la luxueuse Mustang rose, et beaucoup de figurines de superhéros. Il est vraiment choyé. En plus, entre l'âge de quatre et huit ans, il visite le parc d'attractions Disney World en Floride pas moins de six fois !

Durant cette période où il vit surtout chez sa mère, Joey reste en contact avec son père malgré la distance. Le père et le fils se parlent régulièrement au téléphone et se rendent visite le plus souvent possible.

Joey 5ᵉ a toujours eu l'impression qu'il faisait partie de la famille Scarpellino, même si son père a eu d'autres enfants par la suite et malgré les kilomètres qui les séparaient. Joey 4ᵉ a soutenu son fils dans tous ses projets, et l'a toujours encouragé à réaliser ses rêves.

3

ADIEU JOE DUCK

Alors qu'il n'a que huit ans, Joey apprend une bien triste nouvelle. Son grand-père, Joe Duck, est atteint d'un foudroyant cancer et il ne lui reste plus que quelques jours à vivre.

Lorsque l'enfant va lui rendre visite à l'hôpital, il trouve son grand-père bien amaigri. Il a tellement changé. Joey 3e meurt quelques jours plus tard, emporté par la maladie.

Le petit Joey est très affecté par ce premier deuil et il le sera encore plus vers l'âge de 10 ans, alors que son arrière-grand-père, Joey 2e, décède à l'âge de 95 ans. Il comprend alors mieux ce qu'est la mort et à quel point il est difficile de voir partir ceux qu'on aime.

À chaque anniversaire de la mort de son grand-père, Joey pleure. Il se remémore les précieux moments en compagnie de celui qui lui manque beaucoup. Depuis ce temps, Joey a développé une crainte face à la mort. Il a tendance à exagérer chaque symptôme de maladie, c'est ce que l'on appelle l'hypocondrie. Il lui suffit d'avoir un petit mal de tête pour s'imaginer être atteint d'une tumeur. La moindre douleur au genou se transforme, dans sa tête, en cancer des os. S'il lit un article ou voit un reportage portant sur une maladie, il peut même en ressentir les symptômes.

Sa tendance hypocondriaque le mène souvent en panique chez son médecin de famille. La consultation médicale rassure Joey... jusqu'à la prochaine fois où une nouvelle inquiétude s'emparera de lui.

Ses angoisses face à la mort se manifestent parfois le soir, lorsqu'il se met au lit. Il vit alors des moments de panique, ayant même de la difficulté à respirer. Il appelle sa mère ou un ami pour être rassuré, puis finit par se calmer et à penser à autre chose. Il sait qu'il doit cesser de s'en faire et de s'imaginer les pires scénarios.

Joey a toujours été anxieux et durant l'enfance, cela le mène à certains excès qui deviennent rapidement dangereux pour sa santé.

4

LES TROUBLES ALIMENTAIRES

À l'école, Joey est un élève plutôt doué. Il réussit bien dans toutes les matières. Studieux, il excelle particulièrement en mathématiques et en sciences.

Il termine ses examens beaucoup plus rapidement que les autres. Son professeur, après avoir corrigé sa copie, lui refile celles de ses camarades de classe, qu'il l'aide à corriger en attendant la fin de la période d'examen.

Comme Joey absorbe avec une grande facilité les enseignements donnés dans les cours, il a souvent l'impression de s'ennuyer ou de perdre son temps.

Il a la mauvaise habitude de meubler les minutes en classe en faisant preuve d'une certaine indiscipline, surtout durant les cours d'histoire, qu'il n'aime pas particulièrement. Il aime rigoler et faire rire les autres, et il y va de quelques âneries de temps à autre, sans toutefois dépasser les limites de la patience de son professeur.

Joey arrive aussi souvent en retard, se pointant plusieurs minutes après le son de la cloche, ce qui lui vaut quelques visites au bureau du directeur et de nombreuses retenues.

Il a également la vilaine manie de s'endormir pendant les cours. Une fois, il s'est assoupi alors qu'il était en retenue, ce qui lui a valu... une autre retenue!

Durant ses années à l'école primaire, Joey a beau avoir un beau groupe d'amis, il n'est pas pour autant bien dans sa peau. Il se trouve un peu grassouillet et les autres enfants ne manquent pas de le lui rappeler, le surnommant «le petit gros des Classels». Le chanteur des Classels – un groupe de rock'n'roll yéyé québécois populaire dans les années 1960 –, Gilles Girard, était légèrement rondouillard.

En troisième année, Joey n'accepte pas son corps un peu dodu. Il n'ose pas s'approcher de sa première copine pour l'embrasser ou la serrer dans ses bras, de peur qu'elle sente son petit bedon rond.

Il est vrai qu'à cette époque, Joey s'alimente plutôt mal. Il carbure aux hot-dogs, aux hamburgers, aux frites et à la pizza. Il a à peine 10 ans lorsqu'il décide de perdre du poids et de prendre des mesures draconiennes pour le faire. Il se met alors à se nourrir uniquement de biscuits soda et de 7Up.

Rapidement, il fond comme neige au soleil. Joey développe ainsi un trouble alimentaire. Il veut perdre du poids à tout prix. Il se doute de ce qui lui arrive, car certains membres de sa famille, dont une de ses tantes, ont souffert d'anorexie.

Son régime particulier dure un été entier. Durant cette période de jeûne, Joey est à New Haven chez son père. Il ne fait rien de ses journées, sauf s'étendre à la plage. Joey 4e est inquiet. Il tente tant bien que mal de lui faire manger autre chose que des craquelins, sans succès. En désespoir de cause, il décide d'emmener Joey chez le médecin.

Le verdict est sans appel. Joey souffre d'un trouble alimentaire qui a pour nom l'anorexie. Les anorexiques se privent de manger et luttent contre la faim. Ils peuvent aller jusqu'à développer une phobie de la nourriture. Cette maladie a souvent pour cause une trop grande importance accordée à l'image corporelle. Mais l'hérédité peut aussi être en cause.

Dans le cas de Joey, le médecin est catégorique : il a beaucoup trop maigri et il doit recommencer à manger. Le garçon accepte, mais pas question de reprendre tout le poids perdu. Il se dit qu'il va plutôt regagner cette masse en muscle.

Il prend alors des mesures draconiennes, s'entraînant dans un gymnase plusieurs fois par semaine. Chaque matin, avant de partir pour l'école, il fait 50 pompes (*push-ups*) et 50 redressements assis, et ce au rythme de deux fois par jour.

Joey tente de retrouver un certain équilibre, mais il demeure obsédé par ce qu'il mange pendant quelque temps, se tenant loin des sucreries et des tentations, et allant même jusqu'à éliminer complètement les aliments préparés en restauration rapide de son alimentation.

Au fil du temps, Joey parvient à ajuster le tir. Il finit par recommencer à manger ce qui lui plaît quand ça lui plaît, sans pour autant courir à la salle de sport tous les jours.

Aujourd'hui, Joey tente de s'alimenter le mieux possible mais sans en faire une obsession. Il se nourrit de plusieurs portions de fruits et légumes ainsi que de protéines par jour, et il ne mange pas de blé.

L'anorexie est maintenant derrière lui, mais il a dû travailler fort pour vaincre ce trouble alimentaire. Sa mère l'a aussi beaucoup aidé à retrouver un équilibre sur le plan de l'alimentation. Dix ans plus tard, Joey sait qu'il est encore fragile et que l'anorexie habite toujours un coin de sa mémoire. Il doit demeurer vigilant s'il veut éviter de retomber dans les mêmes excès.

5

L'OPTION THÉÂTRE

À 10 ans, Joey a beau se sentir mieux dans son corps, il demeure tout de même timide et ne se mêle pas aisément aux autres. Alors qu'il songe à s'inscrire dans un programme de sport-études pour sa cinquième année du primaire, Nathalie lui propose plutôt une option théâtre-études.

L'idée de faire du théâtre n'a jamais vraiment traversé son esprit. Bien sûr, il a rêvassé comme plusieurs jeunes de son âge, en regardant de jeunes comédiens à la télévision, se disant que ça devait être *cool* de faire ce métier plutôt que d'aller à l'école. Mais jamais Joey n'a imaginé devenir acteur, et encore moins un enfant vedette.

Nathalie, pour sa part, pense que le théâtre peut aider son fils à sortir de sa coquille et à surmonter sa timidité. Elle inscrit donc Joey à l'école d'art dramatique La Bulle, située à

Saint-Jean-sur-Richelieu, à quelques rues du domicile familial. On y étudie les différentes matières telles que le français, l'anglais, les mathématiques, l'histoire, la géographie et les sciences durant la matinée, puis l'après-midi est consacré entièrement aux cours reliés au théâtre.

Au début, Joey n'est pas dans son élément dans les cours de jeu. Il n'est pas davantage à l'aise dans les cours d'improvisation, de danse et de chant. Il songe même à abandonner.

D'autant plus que plusieurs jeunes du groupe sont déjà connus pour avoir joué des rôles au petit écran et au cinéma. Parmi ceux-ci, on retrouve Olivier Gervais-Courchesne, qui a un premier rôle dans la série à succès *Ramdam,* et Adam Kosh, qui joue dans *Watatatow,* l'autre série à succès de l'époque.

Joey, qui n'a aucune expérience, est d'abord très intimidé de jouer devant eux. Il va se souvenir longtemps de son premier cours de danse, où la professeure demande à chaque élève de présenter devant le groupe un mouvement spécial :

« Joey, vas-y en premier… Montre-nous un mouvement de danse qui te représente ! »

Joey reste complètement figé devant cette demande
impromptue. Ne sachant pas trop quoi faire, il lui
répond timidement :

« Euh, je ne danse pas vraiment, madame…

— Si, si, tu es capable, allez, vas-y ! »

Joey a envie de fondre et de disparaître tellement
il est gêné. Mais devant l'insistance de sa professeure, il exécute un geste rapide et maladroit des
jambes et des bras.

« Bon, c'est bien, tu vois que tu es capable et qu'il
ne faut pas avoir peur du ridicule », lui dit sa professeure. Joey esquisse un sourire timide et sou-
lagé dans sa direction.

Peu à peu, il prendra plaisir à suivre les différents
cours et, en quelques mois, il sera complètement
transformé. À tel point que durant le spectacle

des Fêtes, il chantera et dansera devant une salle pleine.

Joey découvre qu'il éprouve beaucoup de plaisir à jouer et à performer devant un public. Ses proches, dont sa mère, s'entendent pour dire qu'il n'est plus du tout le même. Il est moins gêné et plus extraverti. Il communique plus facilement et semble mieux dans sa peau.

L'année suivante, Joey décroche le premier rôle dans une pièce de théâtre présentée par l'école. Il incarne Marcel dans la pièce *Marcel poursuivi par les chiens,* du dramaturge Michel Tremblay. Créée en 1992, elle raconte l'histoire de Marcel, qui est sujet à des hallucinations. Le personnage oscille sans cesse entre le rêve, la folie et la réalité.

En se préparant à jouer dans cette pièce, Joey découvre qu'il a une excellente mémoire et donc une grande facilité à apprendre les textes. Il a vraiment la piqûre du jeu et commence à se sentir à sa place. Il se met à envisager la possibilité de faire carrière en tant qu'acteur.

Dans le spectacle de fin d'année, Joey ose interpréter devant une salle comble la chanson *Casanova,* de Martin Deschamps. Un Casanova est un homme qui multiplie les conquêtes féminines. Le nom fait référence à Giacomo Casanova, un écrivain du 18e siècle qui avait une grande réputation de séducteur. Ce sont les filles de la classe qui ont suggéré cette chanson à Joey, puisqu'il a déjà, comme Casanova à l'époque, une sérieuse réputation de charmeur.

Cette même année, Joey fait ses premiers pas devant les caméras pour un petit projet amateur dans lequel il joue le rôle d'un jeune garçon dont le frère est atteint d'une maladie incurable. Cette expérience lui permet de se familiariser avec chacune des étapes nécessaires à la réalisation d'un film, dont la scénarisation, qui consiste à écrire l'histoire complète du film sous forme de dialogues et d'indications pour différentes scènes.

C'est l'outil nécessaire aux acteurs quand vient le moment du tournage.

Joey voit aussi le travail que fait le réalisateur, qui met en scène l'action et qui dirige les acteurs. Puis, il assiste à l'étape du montage, où l'on met bout à bout chacune des scènes du film, et au montage sonore, qui consiste à ajouter puis ajuster les dialogues, les bruits et la musique.

Après six mois, Linda Cadieux, la directrice de l'école La Bulle, juge que Joey est prêt à joindre les rangs de son agence d'artistes. Elle deviendra donc son agente, c'est-à-dire qu'elle le représentera et proposera ses services aux producteurs et réalisateurs pour différents projets, en leur envoyant des photos et des informations détaillées à son sujet. Ensuite, si ceux-ci sont intéressés, ils le convoqueront en audition. Il apprendra alors une scène ou une partie d'une scène qu'il viendra jouer devant eux.

À la même période, Joey obtient un petit rôle dans un court-métrage de la réalisatrice Chloé Leriche qui a pour titre *Les grands*. Ce tournage est fort enrichissant pour Joey, puisque c'est sa première véritable expérience professionnelle sur un plateau de cinéma.

Durant le tournage, il fait la rencontre de Jean-Carl Boucher, un jeune comédien qui joue aussi dans le film. Les deux garçons deviennent de grands amis. Ils sont loin de se douter qu'ils se retrouveront bientôt sur un autre gros plateau de tournage...

6

LES AUDITIONS

Maintenant qu'il fait partie d'une agence, Joey peut désormais participer à différentes auditions pour espérer décrocher un rôle dans une publicité, à la télévision ou encore au cinéma. Au début, il se prête au jeu avec plaisir.

Il doit une fière chandelle à sa mère, qui prend congé de son travail pour le conduire et l'accompagner dans ses auditions, aux quatre coins de la ville.

Le nom de Joey se retrouve souvent parmi la liste des finalistes, mais il ne décroche pas de rôle. Au début, il met ces réponses négatives sur le compte du manque d'expérience.

Mais après avoir passé audition sur audition pendant plus de deux ans, il commence à se décourager. Sa famille et ses amis lui conseillent d'être patient et de ne pas abandonner, mais il s'en est fallu de peu que Joey décide de tout lâcher et de poursuivre des études en architecture, un métier qui l'interpelle parce qu'il fait appel à deux facettes de son talent, soit ses aptitudes en mathématiques et son côté artistique.

Joey a dû passer au moins 300 auditions sans décrocher le moindre petit rôle. Au printemps 2008, il reçoit un appel de son agente qui le convoque à une audition pour une série qui aura pour titre *Les Parent*. Le concept est simple, on y relate des scènes cocasses du quotidien d'une famille de trois enfants.

Joey hésite, il n'a pas envie de se faire dire non une fois de plus. Après mûre réflexion, il accepte, mais précise à son agente que ce sera sa dernière audition. Ensuite, si ça ne fonctionne pas, il passera à autre chose et se dira que ce métier n'est simplement pas pour lui.

Et Joey se rend donc à l'audition pour le rôle de Thomas, l'aîné de la famille Parent. Tous les comédiens québécois ayant l'âge de jouer le rôle semblent y être. Et Joey reconnaît plusieurs visages connus en attendant son tour.

Son audition se passe plutôt bien, mais il se dit qu'il n'a aucune chance puisque les autres ont plus d'expérience que lui. Il retourne chez lui sans vraiment avoir d'attente. Mais quelques jours plus tard, son agente l'informe que l'équipe de production veut le revoir pour une deuxième audition. C'est bon signe !

Lors de cette deuxième audition, Joey rencontre Raphaël Grenier-Benoît, un jeune comédien qui convoite le rôle d'Oli. Celui-ci a une impressionnante feuille de route. On a pu le voir entre autres dans *La vie rêvée de Mario Jean*, *Tactik* et la série *Le club des doigts croisés*, sans oublier un bon nombre de publicités.

Les deux jeunes hommes se lient rapidement d'amitié et échangent même leurs adresses courriel en se faisant la promesse de se donner des nouvelles si l'un d'eux obtient le rôle. Raphaël a 11 ans

AUDITION *Les Parent*

COMÉDIEN *J. Scarpellino*

à l'époque et Joey en a 13. Plusieurs comédiens sont encore en lice pour le rôle d'Oli.

Pendant qu'il attend son tour pour aller passer sa deuxième audition, Joey croise aussi Louis-Philippe Beauchamp, un jeune garçon de huit ans avec beaucoup d'énergie, qui saute partout et dévore une grande quantité de barres tendres puisées à même le « kraft ». Sur un plateau de tournage, le « kraft » est un petit buffet composé de fruits, de grignotines, de biscuits, de jus, de boissons gazeuses et de bouteilles d'eau. Louis-Philippe auditionne pour le rôle de Zacharie, le benjamin de la famille. Joey a un coup de cœur instantané pour lui. Il le trouve drôle et fort sympathique.

Il ne reste que deux candidats pour le rôle de Thomas, soit Joey et Marc-Olivier Lafrance, un jeune comédien qui a une feuille de route bien garnie, avec des rôles dans *Virginie, Ramdam* et *Yamaska,* en plus d'un rôle dans le film à succès *Un été sans point ni coup sûr.* Joey se dit qu'il n'a aucune chance, mais il donne son maximum pour une dernière audition avec Anne Dorval et Daniel Brière, les deux parents dans l'émission, qui se passe plutôt bien, même s'il est un peu intimidé de donner la réplique à deux comédiens chevronnés.

Ce soir-là, Joey rentre chez lui en se disant qu'il a donné le meilleur de lui-même. Il ne se crée pas de faux espoirs, car Marc-Olivier a beaucoup plus d'expérience que lui. La seule chose qui joue en sa faveur est sa couleur de cheveux, foncée comme ceux d'Anne Dorval et de Daniel Brière, alors que son compétiteur est blond.

Le soir même, le téléphone sonne chez Joey. C'est son agente qui lui lance : « Allô ? Thomas Parent, s'il vous plaît ! » Joey n'en revient pas, il vient de décrocher son premier rôle à l'écran !

Il s'empresse d'envoyer un message à Raphaël pour lui annoncer la bonne nouvelle. Celui-ci lui répond qu'il sera Oli ! Les deux garçons passent de longues minutes à échanger sur ce qu'ils feront avec leur cachet. Raphaël compte s'offrir un ordinateur dernier cri. Joey, lui, rêve d'une nouvelle console de jeu vidéo.

Autre bonne nouvelle, Louis-Philippe sera Zacharie. La fratrie Parent est entière. Ce soir-là, Joey se couche le cœur léger. Son rêve de devenir acteur est sur le point de se réaliser. Il vient de décrocher un rôle dans une série prometteuse qui pourrait bel et bien donner le coup d'envoi à sa carrière…

7

UNE NOUVELLE FAMILLE
EST NÉE

Quelques jours à peine après avoir appris qu'il a décroché le rôle, Joey doit déjà se plonger dans plusieurs pages de texte afin d'être fin prêt à incarner Thomas. Avant le premier jour de tournage, des rencontres sont prévues avec les autres comédiens et l'équipe.

D'abord, il y a la prise de la photo officielle, qui servira à faire la promotion de la nouvelle famille qui débarque au petit écran, puis plusieurs tests avec les caméras et quelques répétitions.

Joey est rapidement à l'aise sur le plateau. Anne Dorval et Daniel Brière, qui incarnent ses parents, sont aimables avec lui, et Joey n'hésite pas à leur poser des questions sur la façon d'aborder certaines scènes. Il sait qu'il peut compter sur leur expérience. Ils sont de beaux modèles pour lui.

Deux coachs sont également sur le plateau avec les trois jeunes afin de bien encadrer chacun d'eux. Joey apprend beaucoup de choses sur le travail devant les caméras et la façon de répéter une scène. *Les Parent* sera la meilleure des écoles pour lui. Il y apprendra son métier en observant ses collègues plus expérimentés.

La série est écrite par Jacques Davidts, l'auteur d'*Hommes en quarantaine*. Lui-même père de famille, il s'inspire librement de sa vie avec ses trois fils Charlélie, Antoine et Milou. Ce sont souvent leur quotidien et leurs mauvais coups qui viennent nourrir les scénarios des épisodes de la série, particulièrement lors des premières saisons.

Plus tard, Davidts s'inspire également de la vie de ses interprètes, Joey, Raphaël et Louis-Philippe. Bons joueurs, ces derniers racontent leurs histoires sur le plateau entre les prises. L'auteur et les coauteurs notent ce qui pourrait bien devenir l'intrigue d'un prochain épisode.

Joey est très nerveux lorsque vient le moment de tourner la première scène des *Parent*. L'action se déroule entre son personnage et celui d'Anne Dorval. Thomas Parent met trop de savon dans la laveuse, sous l'œil agacé de sa mère.

« 3-2-1, on tourne… » Joey réussit la scène du premier coup, ce qui est plutôt rare, surtout pour une première scène ! Le comédien en herbe ne pourrait pas être plus heureux et une grande partie de son stress s'envole.

Dès le premier épisode de la saison 1, la table est mise pour que l'on distingue bien la personnalité de chacun des fils. Oli est le petit rebelle rusé du clan. Par exemple, il emprunte les dictionnaires de son grand frère pour les mettre dans son sac d'école et persuade sa mère, grâce à ce stratagème, de venir le reconduire à l'école en voiture, prétextant que son sac à dos est trop lourd.

Zacharie, le benjamin de la famille, est le petit garçon adorable à qui les deux plus grands font

croire toutes sortes de choses. Dès le premier épisode, il est mis à rude épreuve au petit-déjeuner, alors que Thomas et Oli lui disent que manger des œufs, c'est comme « manger des fœtus de poussins pas nés ».

Thomas est l'intellectuel de la famille, et cela vaut à Joey de devoir apprendre de longues tirades, comme dans la scène où il doit aider Oli à résoudre un problème mathématique qui va comme suit :

$$6 + -9 - -4 + +7 - -3 =$$

Voici la réponse que lancera le personnage de Thomas d'un seul trait : « Non, ça fait −1. Regarde Papa, la petite barre négative ça équivaut à faux. Le plus c'est vrai. Quand c'est + − c'est vrai que c'est faux, donc c'est faux. Quand c'est − + c'est faux que c'est vrai, donc c'est faux. Quand c'est + + c'est vrai que c'est vrai, donc c'est vrai. Quand c'est − − eh bien c'est faux que c'est faux donc c'est vrai. »

Joey adore apprendre ces longues répliques. Chaque fois, c'est un beau défi pour sa mémoire, et surtout, il trouve amusant de répéter certaines tirades à l'extérieur des tournages pour faire rire ses amis. Il apprivoise rapidement son métier de comédien professionnel !

8

3,2,1... ON TOURNE!

Dès les premiers jours sur le plateau, les choses se passent bien pour Joey. Il apprend vite et comprend rapidement la mécanique des tournages. En plus, il a une grande facilité à apprendre les textes, ce qui est un véritable atout pour un acteur. Cependant, un petit problème se pointe à l'horizon lorsque le réalisateur Louis Choquette et son équipe visionnent les images des premiers jours de tournage. Joey a des tics quand vient le temps de tourner devant les caméras. Il fait un mouvement et un bruit des lèvres après chaque réplique et c'est sérieusement embêtant. Le jeune homme a aussi tendance à parler sur le bout de la langue. Il lui faut absolument corriger ces deux problèmes rapidement. Il travaillera donc assidûment plusieurs heures par semaine avec un des coachs pour se débarrasser de ces mauvaises habitudes.

Les tournages d'une saison des *Parent* ont lieu d'avril à décembre. Joey est sur le plateau entre trois et quatre jours par semaine. Les répétitions ont normalement lieu le lundi et les tournages sont le mardi, mercredi et jeudi. À ces journées s'ajoutent les répétitions avec le coach et les études, sans compter que Joey joue aussi au hockey! Il lui faut donc inclure des séances d'entraînement et des jours de matchs à son agenda déjà bien chargé.

Joey se rend vite compte que tout ça représente beaucoup de travail. S'il ne veut pas prendre du retard en classe, il doit mettre les bouchées doubles et travailler très fort. Pas facile pour le jeune homme de concilier le métier d'acteur et les études.

Lorsqu'il est sur le plateau de tournage, il tente de faire ses devoirs et d'étudier entre deux scènes. Le soir, lorsqu'il arrive chez lui, il étudie encore un peu et termine ses travaux scolaires. Ensuite, il doit apprendre ses textes pour le tournage des scènes du lendemain. Il doit être discipliné et accomplir toutes ses tâches plutôt que d'aller rejoindre ses amis au parc ou dans une soirée.

Joey reçoit son horaire de tournage la veille des répétitions. Il lit alors les scènes qui le concernent et apprend les textes. En les mémorisant la veille, les dialogues demeurent bien frais dans sa mémoire.

Il lui suffit de lire une scène une ou deux fois pour en connaître le texte sur le bout de ses doigts. Lorsqu'une scène est plus compliquée, il prend quelques heures pour bien la travailler.

Le truc de Joey pour apprendre ses textes est de faire autre chose en même temps : la cuisine, la vaisselle, ou encore jouer à des jeux vidéo ou regarder la télé. Lorsqu'il se concentre sur autre chose, ses répliques sortent de façon naturelle, sans qu'il ait à y penser.

Une journée typique de tournage exige que Joey se lève vers 4 h 30 du matin. Il se rend ensuite aux Studios Mel's, à Saint-Hubert, où sont tournés les épisodes des *Parent*. À 6 h 30, il passe au maquillage et à la coiffure. Puis Joey se repose un peu et prend une bouchée dans sa loge, ou discute avec les autres comédiens et les membres de l'équipe technique.

À 7 h 15, on procède à la mise en place. Les comédiens jouent la scène devant l'équipe technique afin que celle-ci orchestre les déplacements de caméras nécessaires pour bien la filmer. C'est aussi le moment d'ajuster les éclairages et de placer les micros pour bien capter le son.

Chaque scène est habituellement tournée avec deux caméras qui respectent à la lettre les exigences du découpage technique. Le découpage technique est un document qui sert à définir les différents plans composant une scène. On y inscrit l'emplacement des caméras dans le décor, le choix des cadrages et angles de caméra, et la durée de chaque plan. Une caméra tourne en plan large si l'on souhaite voir la scène en entier. Une autre caméra tourne en plan plus serré pour détailler l'émotion sur le visage d'un comédien, par exemple. Parfois, une scène est filmée sous différents angles afin de permettre plusieurs possibilités lors du montage.

Durant les répétitions, le réalisateur est sur place et indique aux comédiens les déplacements dans le décor pour chaque scène.

Avant de tourner une scène, s'il y a beaucoup de texte, il arrive que les comédiens fassent entre eux une répétition à l'italienne. C'est une répétition qui est faite sur un ton neutre et qui permet aux acteurs de mémoriser le texte.

Une scène prend de 45 minutes à 1 h 30 à tourner, selon sa complexité. Il se tourne entre six et huit scènes par journée de tournage.

Les jours de tournage peuvent varier d'une semaine à l'autre, selon les besoins du scénario. Il arrive donc que Joey soit un peu moins sollicité et qu'il puisse aller à l'école, mais il n'est pas rare qu'il passe quatre jours par semaine dans les studios. Bien souvent, ses professeurs se contentent de lui faire passer les examens même s'il n'a pas assisté aux cours. En mathématiques, par exemple, il lui suffit souvent de voir la réponse à une formule pour arriver à la comprendre. Il passe donc haut la main ses examens et réussit bien à rattraper le temps perdu.

9

LA TÊTE DANS LES NUAGES

Avec le succès de l'émission *Les Parent* et sa belle gueule, Joey fait rapidement vibrer le cœur de plusieurs adolescentes du Québec. Il est propulsé à la vitesse de l'éclair au rang de vedette dès le début de l'adolescence.

Il est reconnu partout où il passe et plusieurs fillettes et adolescentes crient son nom sur son passage ou veulent se faire photographier avec lui. En plus, son compte en banque est bien garni et il ne va presque plus à l'école. Il mène la vie dont bien des adolescents de son âge rêvent. Il est populaire, on ne lui refuse rien.

Au début, le jeune homme gère assez bien cette soudaine popularité, mais petit à petit, le succès lui monte à la tête et Joey perd le nord. Beaucoup de ses amis sont aussi de jeunes vedettes, avec des rôles dans des séries telles que *Tactik* et *Ramdam*.

Sur les plateaux de tournage, ces jeunes se font traiter comme des adultes. Ils sont indépendants financièrement et les règles ne sont plus les mêmes pour plusieurs d'entre eux. Ils occupent un emploi à temps plein, sont loin des bancs d'école et fréquentent plus souvent qu'autrement des gens qui ont l'âge de leurs parents.

À cette époque, Joey ne va plus à La Bulle. Le programme est désormais fermé. En quatrième secondaire, il fréquente, avec quelques-uns de ses amis comédiens, l'école Georges-Vanier, à Laval, qui offre un programme à distance permettant aux étudiants de suivre leurs cours à leur rythme et selon leur horaire, et de se présenter uniquement aux examens.

À ce moment, Joey habite encore chez sa mère sur la Rive-Sud et il n'a pas encore son permis de conduire puisqu'il est trop jeune. Il se rend donc tous les jours en taxi jusqu'à Laval.

Mais il n'est pas rare que ses amis comédiens et lui décident de bifurquer et d'aller passer la journée à magasiner au centre-ville. Lors de ces journées improvisées de magasinage, Joey peut dépenser 3000 $ en vêtements et objets de toutes sortes. Des pièces de luxe qu'il achète sur un coup de tête pour ne les porter qu'une fois ou deux, ou même pas du tout. Joey a tellement de vêtements qu'il ne sait plus où les ranger !

Lorsqu'elles daignent faire un saut de puce à l'école, les jeunes vedettes arrivent souvent en retard aux cours et semblent au-dessus de leurs affaires.

Le midi, alors que la plupart des jeunes de leur âge mangent à la cafétéria de l'école, Joey et ses amis vont plutôt dîner dans un restaurant de fine cuisine asiatique à quelques rues de là.

À 13 h, moment du retour en classe, Joey et sa bande entament à peine leur repas. À quoi bon courir? Au pire, ils arriveront en classe au milieu du cours.

À cette époque, Joey fréquente des filles plus âgées que lui et fait beaucoup de folies pour les impressionner. Un jour, pour aller rejoindre une fille qui habite la Rive-Nord de Montréal, il se déplace de la Rive-Sud à chez elle en taxi! Une course de 300 $! Puis, ils vont se détendre dans un spa et manger dans un restaurant chic. Rien n'est trop beau.

Nathalie tente de faire réaliser à son fils qu'il dépense trop et qu'il déraille, mais Joey n'en fait qu'à sa tête. Son père constate lui aussi que son fils mène un train de vie démesuré. Il tente d'intervenir à distance en bloquant ses dépenses, mais son pouvoir d'action est limité par les centaines de kilomètres qui les séparent.

Durant cette période – qui fut tout de même assez brève –, Joey sort jusqu'au petit matin, arrivant à concilier sa vie de fêtard et son métier de comédien.

Mais un jour, c'en est trop. Après une nuit presque blanche, Joey se rend sur le plateau pour sa journée de travail. Non seulement il arrive tout juste à l'heure, mais en plus, il fait des siestes entre les prises. Il ne parvient plus à suivre le rythme.

Ce jour-là, Joey atteint une limite qu'il s'était promis de ne pas franchir. Il sait qu'il fait un métier de rêve. Il a un premier rôle dans une série fantastique. Il ne veut pas tout mettre en péril et laisser cette belle expérience lui filer entre les doigts pour faire la fête et vivre une vie débridée. Joey réalise qu'il dérape et qu'il doit se calmer.

Il décide d'arrêter les dépenses folles et tout ce qui vient avec. Il se fait la promesse d'être plus sérieux, de ralentir un peu son train de vie et de diminuer les excès. L'important pour Joey est de demeurer professionnel et de donner son 100 %.

Pour cela il n'hésite pas un seul instant à mettre de côté sa vie un peu olé olé.

Faire de la télévision, quand on est adolescent, est une expérience extraordinaire, mais en même temps, il est facile de se perdre dans le tourbillon de cette vie. Joey pense d'ailleurs qu'il devrait exister un programme qui encadre les enfants vedettes afin de mieux les guider.

10

GRANDIR À LA TÉLÉVISION

Joey, Raphaël et Louis-Philippe passent une grande partie de leur enfance et de leur adolescence sur les plateaux de tournage. Dès le début, la complicité s'installe entre eux, devant comme derrière les caméras.

Joey s'amuse durant les pauses avec Raphaël et Louis-Philippe, mais aussi avec d'autres jeunes comédiens, dont son ami Jean-Carl Boucher, qui incarne Jesse, le bon ami d'Oli dans la série. Un jour, alors qu'il vient tout juste d'avoir son permis de conduire, Joey décide d'emmener les trois gars dîner au restaurant durant la pause du midi. Les quatre amis se retrouvent donc à bord de la rutilante Ford Edge rouge que Joey vient de s'acheter.

Les gars ont à peine une heure avant la reprise du tournage, et Joey, qui est derrière le volant, s'imagine que le restaurant est à seulement quelques minutes des studios.

Mais le restaurant est beaucoup plus loin que prévu. Ils roulent pendant 20 longues minutes avant d'arriver à destination! Après avoir mangé en vitesse, le quatuor saute dans la voiture pour revenir rapidement vers les studios, mais un bouchon de circulation les bloque sur la route. Ils cumulent plusieurs minutes de retard.

Joey, qui est responsable de la troupe, s'inquiète. Louis-Philippe, assis sur la banquette arrière, pleure parce qu'il est certain que l'équipe de production sera très fâchée contre eux. Juste à côté, Raphaël, lui, rit comme un fou de la situation. Jean-Carl leur lance à la blague : « Pourquoi on ne file pas jusqu'à Las Vegas à la place? »

Les quatre jeunes éclatent de rire, ce qui détend un peu l'atmosphère dans la voiture. Lorsqu'ils arrivent finalement au studio, avec plusieurs minutes de retard, ils se confondent en excuses d'avoir mis la production dans le pétrin à cause de leur indiscipline. Joey s'en voudra par la suite. Disons que ce n'était pas sa meilleure idée et qu'il s'en souviendra longtemps.

Les trois comédiens sont habituellement plutôt calmes et bien encadrés sur le plateau, mais il leur arrive de faire quelques bêtises. Joey se souviendra toujours d'un de leurs mauvais coups, durant le tournage d'un épisode de la deuxième saison.

Ce jour-là, le personnage de Thomas conduit un vélo pour les besoins d'une scène. Dans le stationnement des studios, il y a une grosse rampe de déchargement qui sert à vider de leur contenu les différents camions de production. En voyant le vélo, Louis-Philippe regarde Joey et lui lance : « T'es pas *game* de faire le *jump* avec le vélo ! » Il n'en faut pas plus pour que Joey veuille impressionner son jeune ami, sous les encouragements de Raphaël.

Ils sortent le vélo dans le stationnement. Joey le chevauche et prend son élan pour faire le saut. Il roule à toute vitesse vers la plateforme, puis s'envole presque sept pieds dans les airs avant de retomber sur la roue arrière du vélo. Sous l'impact, celle-ci, complètement démolie, devient plus ovale que ronde.

Lorsque Joey ramène le vélo qui devait servir au personnage dans le studio, l'accessoiriste n'est pas très content de l'état de celui-ci. D'autant plus que, comme il s'agit d'un accessoire, il n'aurait jamais dû le sortir du studio. Il faut trouver rapidement un vélo similaire pour pouvoir tourner la scène en après-midi.

Durant les premières saisons de l'émission, les trois garçons sortent durant les pauses pour jouer au hockey dans le stationnement. Plusieurs membres de l'équipe technique se joignent même à eux. Des mini-tournois s'organisent semaine après semaine.

Mais comme les trois comédiens reviennent en sueur au studio après leurs matchs, et qu'il faut refaire leurs coiffures et leurs maquillages chaque fois, l'horaire de tournage est retardé. La

maquilleuse décide donc de mettre un frein aux activités sportives entre les prises.

Depuis ce temps, les trois comédiens sont devenus beaucoup plus sages pendant les pauses. Ils en profitent pour faire des siestes, lire un livre ou simplement discuter entre eux.

LES PARENT EN VOYAGE

À partir de la saison trois, la famille Parent se met à voyager. Pour les besoins du tournage, les comédiens se promèneront au Québec pour un séjour en camping, s'envoleront vers le Sud pour des vacances au soleil et traverseront même l'Atlantique pour aller visiter la région Provence-Alpes-Côte d'Azur en France.

Lors de l'épisode « Le chalet », le premier de la troisième saison, la famille Parent loue un chalet dans les Laurentides afin de se reposer. Pour les besoins de la cause, les comédiens sont logés dans un petit hôtel situé dans Wentworth-Nord et les tournages ont lieu dans un chalet tout près.

Le tournage se passe à merveille et l'équipe a beaucoup de plaisir à visiter la région. Le problème, c'est l'hôtel. Joey croit que sa chambre est hantée. La nuit, alors qu'il tente de s'endormir, il remarque que la chasse d'eau se déclenche toute seule et que les portes s'ouvrent et se ferment sans raison. Il ne dormira pas beaucoup durant ce tournage et demeure convaincu encore aujourd'hui que cet endroit est hanté !

La saison suivante, l'équipe se déplace dans la région du Massif, dans Charlevoix, pour l'épisode « Les rois de la montagne ». Pour Joey, ce séjour sera mémorable puisqu'il pourra faire du ski entre les tournages des différentes scènes.

Durant la saison six, un épisode est tourné dans un Club Med au Mexique. Encore là, Joey a un peu l'impression d'être en vacances puisqu'il n'y a que trois jours de tournage et que le voyage dure une semaine.

L'équipe en profite donc pour passer de bons moments au soleil. Anne Dorval et Daniel Brière ne sont pas du voyage. Ce sont plutôt les deux bons amis de la famille, Marie et Benoît, joués par Marie-Chantal Perron et Alexis Martin, qui accompagnent les trois fils Parent. Selon le scénario, ce voyage est un cadeau des grands-parents du trio.

Joey joint l'utile à l'agréable, surtout qu'il adore la plage. Il avoue avoir un petit côté *beach boy*. Il a beaucoup de plaisir à s'amuser au soleil avec l'équipe, à nager dans la mer, à faire du *bodysurf* ou encore à jouer au volley-ball les deux pieds dans le sable.

Mais le voyage le plus marquant pour Joey est assurément celui en Europe, pour l'un des épisodes de la saison sept. D'abord, Joey est emballé de faire son premier voyage outre-Atlantique! Mais son séjour à Cucuron, en France, sera mémorable pour une tout autre raison...

Après avoir déposé ses valises à l'hôtel, Joey décide de profiter du beau temps pour faire son jogging. Il admire les paysages de la campagne française, avec ses vignobles et ses montagnes, en courant quelques kilomètres, puis revient vers l'hôtel.

Mais alors qu'il est à quelques pas du hall d'entrée, il trébuche sur le pavé et se foule la cheville. Incapable de marcher – impossible même de déposer son pied au sol –, il sautille jusqu'à l'hôtel pour demander de l'aide.

Martin, le réalisateur, et Mitsou, la directrice de production, qui se trouvent dans le hall, sont découragés de voir Joey revenir en clopinant, d'autant plus que le tournage commence le lendemain matin.

Il n'y a qu'une chose à faire : emmener Joey à l'hôpital. Il y passe la journée. Après des examens, le verdict tombe : déchirure du ligament. Il devra tourner avec une prothèse et s'appuyer sur des béquilles lorsqu'il ne sera pas devant les caméras. Comme Joey parvient à marcher un peu, le scénario ne sera pas ajusté en conséquence. Le seul désagrément, c'est qu'il doit porter des chaussures plus grandes pour permettre d'enfiler la prothèse et de la cacher. Un œil averti décèle facilement que le personnage de Thomas boite dans certaines scènes de cet épisode.

Joey apprécie quand même son premier passage en Europe. Il a beaucoup de plaisir à manger dans de bons restaurants avec Anne Dorval et Louise Turcot, qui interprète Madeleine, la grand-mère du clan. Ces moments lui permettent d'avoir de belles discussions autour d'une bonne table avec deux femmes qu'il admire. Elles lui racontent des anecdotes du métier et ils rigolent ensemble.

Sous le charme de ce premier voyage en Europe, Joey y retourne quelques mois plus tard, cette fois pour visiter la terre de ses ancêtres, l'Italie. En compagnie de Mélissa, sa copine, il visite Rome, Florence et Venise. Joey garde un souvenir précieux de chacune de ces villes. Il aime Rome pour son histoire. Il apprécie particulièrement sa visite du majestueux palais impérial et est très impressionné par le Colisée, cet immense amphithéâtre antique en plein cœur de la ville.

Il adore son séjour dans des vignobles de Florence et sa visite de Venise. Joey, grand romantique, y fait une promenade en gondole avec son amoureuse. Même si son histoire d'amour avec Mélissa est aujourd'hui chose du passé, celle avec l'Italie n'est pas prête de se terminer. Joey compte bien y retourner aussi souvent que possible.

12

LE BEAU GARÇON

Lorsqu'il a 16 ans, Joey se retrouve en couverture d'un magazine artistique avec en gros titre : «Le nouveau "sex-symbol" du Québec». Le terme *sex-symbol* est employé pour désigner une personnalité publique masculine ou féminine très attirante physiquement.

Joey est sous le choc en se voyant sur la couverture. Pour lui, c'est drôle et flatteur de faire la une d'un magazine, mais il ne se sent pas prêt à porter le titre de sex-symbol. Beaucoup de pression vient avec cette image du beau gars. Joey a l'impression qu'il doit toujours être parfait, sans le moindre petit bouton ou la moindre mèche de cheveux déplacée.

Il en vient à être obsédé par son image. Il lui arrive même de sortir de la douche, de se sécher les cheveux, de se coiffer, puis de retourner sous la douche et de tout recommencer si sa coiffure n'est pas à la hauteur de ses ambitions.

Il peut aussi passer de longues heures à tenter de cacher un bouton avec du maquillage. Pas question de sortir de la maison le soir sans être à son meilleur. S'il ne se trouve pas beau, il préfère rester chez lui. Il a trop peur de décevoir une fan.

Sa belle gueule n'est pas non plus toujours un avantage dans le métier. Il a parfois l'impression de ne pas être pris au sérieux en tant que comédien.

Un jour, on lui refuse même un rôle dans une série auquel il tenait particulièrement. Après les auditions, son agente se fait dire : « On a choisi l'autre comédien, car Joey est trop *cute* pour le rôle. »

Mais avec le temps, Joey apprend à moins se soucier de son image, puis ose se montrer en public vêtu d'un simple t-shirt, d'un jean et d'une casquette. Il retrouve une certaine sérénité en ce qui concerne son apparence, même s'il continue d'accorder beaucoup d'importance à la forme physique.

Depuis qu'il a 10 ans, Joey s'entraîne trois fois par semaine dans un gymnase pour garder la forme. Son personnage de Thomas a changé, au fil des saisons, tout simplement parce que Joey prenait du muscle. Son physique ne correspondait plus nécessairement au personnage de Thomas, un adolescent intellectuel et non un Monsieur Muscles. Certaines scènes où il lève des poids et s'entraîne ont été ajoutées au scénario pour justifier la transformation physique de Joey.

Les tenues vestimentaires du personnage de Thomas ont elles aussi changé. Les chemises amples ont fait place à des t-shirts moulants. Ainsi, le personnage porte désormais des vêtements qui ressemblent beaucoup plus à ceux de Joey.

13

BYE-BYE L'ADOLESCENCE!

Durant la dernière année de son secondaire, Joey étudie au collège Charles-Lemoyne. Alors que le bal des finissants approche à grands pas, Joey met tout en œuvre pour que cette soirée spéciale soit des plus magiques. Comme il est célibataire durant cette période, il demande à Anaïs, une bonne amie, de l'accompagner.

Joey ne lésine sur aucun détail pour que cette soirée soit des plus réussies. Il s'offre un nouveau complet griffé et des chaussures italiennes noires ornées de brillants. Aussi, comme il vient tout juste d'avoir son permis de conduire, il décide de louer une voiture, mais pas n'importe laquelle, une Lamborghini.

Ce jour-là, Joey, en tournage pour *Les Parent* à Saint-Hubert, termine plus tard que prévu, et doit même enfiler son habit et se coiffer dans le studio avant de partir. Ensuite, il doit se rendre à Anjou, dans l'est de Montréal, pour aller chercher la voiture qu'il a louée, mais rien ne va comme il le souhaite : il pleut des cordes dehors, il y a une circulation monstre et Joey a du mal à se rendre chez le concessionnaire à l'heure prévue. Alors qu'il est à mi-chemin, il reçoit un appel de celui-ci lui disant que la voiture de luxe ne pourra pas sortir du garage à cause de la météo peu clémente. Joey se retrouve donc sans voiture pour se rendre à son bal.

Déçu, il se voit contraint d'emprunter la voiture beaucoup moins *cool* et moins impressionnante de sa maman. Il arrive en retard au bal et la soirée est plutôt ennuyante.

Tout le monde quitte la fête assez tôt. Joey et ses amis ont prévu un après-bal dans la cour de Shawn, qui habite à quelques pas de là. Joey, qui est responsable de la musique, se rend chez lui pour chercher son système de son, et s'étend un instant sur son lit pour envoyer des textos à ses amis. Il s'endort pour ne se réveiller que vers 4 h 30 du matin.

Joey se souviendra longtemps de son bal et de son après-bal, qui ont été de véritables fiascos. Ce jour-là, sans le savoir, Joey tourne une page importante de sa vie, celle de son parcours scolaire. Il compte s'inscrire en sciences naturelles dans un collège privé à l'automne, mais il est impossible de concilier les nombreuses heures de laboratoire exigées avec les tournages des *Parent*. Il doit donc faire un choix et il fait celui, très difficile, de suspendre ses études. Il aime pourtant étudier, mais son horaire est trop chargé. Joey aurait même voulu faire de hautes études sur un campus universitaire américain.

D'ici à ce qu'il retourne un jour sur un banc d'école, Joey enrichit sa culture générale en lisant des livres de tous genres, de la biographie de l'acteur Jack Nicholson à celle de Sam Walton, créateur de la chaîne Wal-Mart. Il aime aussi lire des livres sur les sciences et les affaires, et suivre des cours afin d'ajouter différentes cordes à son arc en tant que comédien. Il aimerait bientôt suivre des cours d'équitation et de musique, entre autres.

***

Le jour de son 18e anniversaire, Joey est nostalgique et triste en sortant du lit. Ce jour de fête marque sa majorité, et par le fait même, la fin de son enfance.

Assis à la table de cuisine, dans la maison familiale, sa vieille chatte Baby-Bell à ses côtés, Joey mange son petit-déjeuner et pleure. Pour lui, c'est la fin de quelque chose. Une nouvelle étape de vie s'amorce, et en même temps, il a un peu l'impression d'être passé à côté d'une grande partie de son enfance.

Parfois, il pense à ces moments qu'il a manqués en n'étant pas sur les bancs d'école à temps plein comme les autres jeunes de son âge. Il pense à la vie qu'il n'a pas connue : les dîners entre amis, les cours toute la semaine, les activités parascolaires.

En ce jour d'anniversaire, il chasse vite ses pensées moroses, car il est attendu sur le plateau des

Parent. Il ignore que l'équipe lui réserve une belle surprise avant la pause du dîner.

Joey doit tourner une scène seul devant la caméra. Il la fait en deux prises pour le réalisateur Martin Talbot. Habituellement, deux prises sont suffisantes, mais ce jour-là, on lui demande d'en faire une troisième.

Joey s'exécute sans poser de question. Puis, tout à coup, les lumières s'éteignent dans le studio et toute l'équipe arrive avec un gâteau illuminé de chandelles en chantant « Bonne fête, Joey ! ». Il est ému aux larmes.

Il y va d'un beau témoignage en guise de remerciement : « Je suis avec vous depuis que je suis entré dans l'adolescence, et là, je viens d'en sortir. J'ai grandi avec vous sur ce plateau et vous êtes une grande partie de mon enfance et de mon adolescence, et aussi de la personne que je suis devenue, et je vous en remercie ! », déclare-t-il avec beaucoup d'émotion.

Pour sa soirée d'anniversaire, Joey a invité plusieurs de ses amis à se joindre à lui dans un restaurant branché du centre-ville. Sa famille est aussi de cette grande fête. Joey reçoit, lors de cette soirée, un cadeau symbolique à ses yeux puisqu'il représente chacune des personnes chères pour lui. Tous les invités se sont cotisés pour lui offrir une chaîne en or. Joey est bien heureux, ce soir-là, d'être entouré de ses proches, qu'il ne voit pas aussi souvent qu'il le voudrait à cause de son horaire chargé. Même ses deux amis de New Haven, A.J. et Marcello, sont de la fête !

Le lendemain, Joey se rend en limousine dans un bar du centre-ville pour faire la fête avec plusieurs de ses amis comédiens, chanteurs et sportifs. Il souligne ses 18 ans en grand et offre des verres à tout le monde.

Mais comme il n'est pas un habitué des bars, il ignore qu'une facture monte vite dans ce genre d'établissement... surtout avec un groupe. Au petit matin, lorsque la serveuse apporte l'addition à Joey, celui-ci a la surprise de sa vie : 1800 $ d'alcool. « Euh... prenez-vous la carte de débit ? » lance-t-il naïvement.

La serveuse lui répond que non, mais il s'en sortira en empruntant la carte de crédit de l'un des réalisateurs des *Parent,* Martin Talbot, qui est venu faire acte de présence en compagnie de l'auteur, Jacques Davidts. Joey lui apporte un chèque pour le rembourser dès le lundi matin.

C'est une dure première leçon pour commencer sa vie d'adulte !

14

LA VIE DE VEDETTE

Un an avant de décrocher son rôle dans *Les Parent,* Joey écoutait *KARV, l'anti.gala* sur la chaîne VRAK.TV en se disant que ce serait absolument génial d'y assister.

D'autant plus que cette année-là, son groupe favori, Simple Plan, était présent. Joey voue un véritable culte à Simple Plan. Ce que le comédien ne savait pas encore, c'est qu'un an plus tard, il serait l'un des invités du prestigieux gala. Il y sera même nommé « Personnalité de l'année » en 2011 et 2012.

Lors de l'édition 2009 du gala, Joey rencontre les membres de Simple Plan pour la première fois. Il s'entretient longuement avec le chanteur du groupe, Pierre Bouvier, qu'il croise en coulisses. Le comédien n'en revient pas de se retrouver face à face avec une de ses idoles !

Joey écoute la musique de Simple Plan depuis la sortie du premier album du groupe, *No Pads, No Helmet... Just Balls*, en 2002. Il a vraiment l'impression que cette musique est la trame sonore de sa vie. Il associe une chanson à chaque moment marquant. *I'm Just a Kid* représente son enfance, *Your Love Is a Lie* est associée à une première rupture, alors que *I'd Do Anything* représente sa première grosse peine d'amour.

Dans son métier, Joey admire particulièrement des acteurs comme Leonardo DiCaprio et Johnny Depp. Il apprécie également la musique de Justin Timberlake.

Joey a aussi beaucoup d'admiration pour Justin Bieber. Il était présent lors du premier passage de Justin au Centre Bell à Montréal. Sauf que la soirée ne s'est pas déroulée comme prévu.

Joey a été repéré par plusieurs fans dans l'amphithéâtre, et une horde de jeunes filles se sont massées autour de lui, en quête d'une photo ou d'un autographe.

La frénésie a pris une telle ampleur qu'il a dû être accompagné durant toute la durée du spectacle par les agents de sécurité du Centre Bell. Sur scène, Justin Bieber semblait même se demander qui était ce jeune homme qui lui volait la vedette. À la fin du spectacle, Joey a dû sortir rapidement et sauter dans un taxi, car une meute de jeunes filles courait en sa direction. Il n'est pas près d'oublier cette soirée au Centre Bell.

Habituellement, il arrive toujours à garder le contrôle lorsque quelques jeunes filles se réunissent autour de lui, puisque la plupart du temps, ses fans l'abordent avec respect et gentillesse.

Même si Joey arrive à bien vivre avec la célébrité, il apprécie particulièrement d'être incognito lorsqu'il se rend en vacances chez son père. Cela lui permet de vraiment décompresser, loin des projecteurs.

Lorsqu'il est au Connecticut, Joey aime passer du temps sur la plage avec sa famille et ses amis. Il se sent bien dans cet anonymat, car la célébrité peut parfois être lourde à porter.

15

LES AMOURS DE JOEY

Joey a toujours été discret sur ses amours, et ce, à un point tel que bien peu de gens savent qu'il a fréquenté Roxanne de l'âge de 13 à 19 ans, avec quelques interruptions. Joey préférait garder cette relation pour lui, plutôt que d'afficher cet amour au grand jour.

Joey fait la connaissance de Roxanne lors d'une sortie avec des amis au cinéma. C'est le coup de foudre! Plutôt que de regarder le film, ils passent la soirée à se bécoter. Ils ne veulent plus se quitter. Ils sont extrêmement amoureux et Joey ne pourrait être plus heureux. Dès le début de la relation, Roxanne et lui se voient tous les jours. Ils habitent pratiquement ensemble!

Mais la popularité et les nombreux engagements de Joey créeront des remous dans le couple, jusqu'à la rupture définitive en 2013. Cette fin de relation est l'une des épreuves les plus difficiles à laquelle Joey a dû faire face.

À la suite de cette peine d'amour, Joey enregistre la chanson *Je t'aime encore*. Il la dédie à Roxanne, à qui il pense encore souvent au moment de l'enregistrement. Il est plutôt rare que Joey chante. Il aimerait d'ailleurs un jour développer un peu plus ses aptitudes en chant et apprendre à jouer de différents instruments de musique. Il gratte la guitare par plaisir quelques fois par semaine.

Il faut plusieurs mois à Joey pour se remettre de cette rupture avec Roxanne. Il s'affiche par la suite en compagnie de Mélissa, la première fille qui parvient à lui faire oublier Roxanne. Mais après plus d'un an d'amour et un voyage en amoureux en Italie, la relation se termine.

Joey a beau avoir vécu quelques déceptions amoureuses, ce grand romantique souhaite rencontrer un jour la femme avec qui il voudra fonder une famille.

Même si plusieurs filles peuvent succomber à son charme, Joey sait que certaines ne s'intéressent à lui que pour sa popularité. Il a appris à reconnaître rapidement celles qui n'en ont que pour son statut de vedette. En fait, le mieux pour Joey serait que celle qui fera chavirer son cœur n'écoute jamais la télévision. Elle n'aurait ainsi aucune idée du métier qu'il pratique. Joey est convaincu que la personne idéale pour lui arrivera au bon moment dans sa vie.

16

LE CASSE-COU

Joey est toujours volontaire quand vient le temps de relever un défi ou de jouer les cascadeurs, et pas seulement en planche à roulettes dans l'escalier de la maison familiale des *Parent* ou à vélo pour impressionner ses partenaires de jeu.

Joey pousse un peu loin la cascade dans le cadre de l'émission *Le Grand Saut,* au canal V, animée par Benoît Gagnon, où des artistes sont invités à faire un plongeon après avoir pratiqué avec un entraîneur.

Joey décide de faire une culbute à l'envers (*back flip*). En s'entraînant sur un matelas, il fait un faux mouvement et entend son cou craquer. On le transporte d'urgence à l'hôpital, où on lui fait passer quelques examens. Il doit attendre plusieurs heures avant de savoir s'il va avoir des séquelles. Joey a la frousse de sa vie, car il y a un risque important de paralysie ! Il s'en sort finalement avec une entorse cervicale dorsale et, heureusement, plus de peur que de mal.

Il décide par la suite de réaliser l'un de ses rêves, soit de sauter en parachute. Il fait le grand saut en compagnie de son bon ami Guillaume Lemay-Thivierge !

La veille, Joey était si nerveux qu'il a à peine fermé l'œil de la nuit. Mais au moment de se lancer de l'avion et de se laisser tomber en chute libre, il vit un moment magique et adore son expérience. Encore plus nerveux que lui, son père et sa mère lui ont tous deux demandé de les appeler dès son atterrissage. Ils avaient une petite frousse, eux aussi...

Parmi ses exploits, Joey compte un bon lot d'aventures, toutes plus dangereuses les unes que les autres. Il a fait des tours de bateau à 220 km/h, du ski extrême, et il est aussi un adepte de moto.

À l'été 2014, il suit son cours pour obtenir son permis de moto. Son idée est faite, il compte

s'acheter une Harley-Davidson. Mais quelqu'un de bien convaincant dans son entourage le fait vite changer d'idée...

Lorsqu'il arrive sur le plateau de l'émission *Les Parent* avec un large sourire, heureux d'annoncer son projet, la plupart sont contents pour lui. Mais pas Anne Dorval. Elle lui demande de la suivre dehors pour lui parler.

Anne raconte alors à Joey qu'elle a eu, quelques années auparavant, un grave accident de moto. Elle ajoute que ce n'est pas elle qui a été imprudente sur la route, mais plutôt le conducteur de la voiture : celui-ci a fait une fausse manœuvre qui a failli lui coûter la vie ou la laisser handicapée.

Elle supplie Joey d'abandonner son projet d'acheter une moto. Le jeune homme ne peut rien refuser à sa « maman » au petit écran et il a encore moins envie de défier son autorité et d'ignorer ses conseils. Il renonce donc à son idée, au grand soulagement de la comédienne.

17

LE HOCKEY DANS LA VIE ET AU PETIT ÉCRAN

Toujours à l'été 2014, Joey arrive sur un plateau bien spécial, celui de la mythique série *Lance et compte*. Il incarne Scott Crawford, un nouveau joueur du National.

Pour décrocher le rôle, Joey a dû faire plusieurs auditions, dont certaines sur la glace! On voulait s'assurer que le comédien savait bien patiner et qu'il maîtrisait les règles du hockey.

Même si son personnage n'a que quelques répliques à dire, dans ce qui a été annoncé comme la dernière saison de la série, Joey est fort heureux d'avoir pu participer à une émission si importante dans l'histoire de la télévision au Québec. Enfiler le mythique chandail bleu et blanc du National est un honneur pour lui.

Grâce à son rôle, Joey peut unir ses deux passions : le jeu et le hockey, qui représente une grande partie de son enfance.

Joey n'avait que trois ans lorsqu'il a enfilé des patins pour la première fois. Deux ans plus tard, il a rejoint les rangs des Lynx de Saint-Jean, dans la catégorie « Mag 1 ».

À ses débuts, Joey portait le numéro 66, tout comme son idole, Mario Lemieux. Son admiration pour ce prolifique marqueur était grande, au point que Joey portait un chandail à l'effigie des Penguins de Pittsburgh lorsque son père, Joey 4e, l'a emmené au Centre Bell voir un match des Canadiens.

Il avait beau aimer le Tricolore, son admiration pour Mario Lemieux prenait le dessus. Joey rêvait de voir un jour son marqueur favori porter le chandail des Canadiens, ce qui n'arriva pas puisque le 66 a porté le chandail des Penguins jusqu'à sa retraite, en 2006.

Presque au même moment où Mario Lemieux prenait sa retraite, un certain Sidney Crosby arrivait dans la Ligue nationale de hockey, portant lui aussi les couleurs de l'équipe de Pittsburgh. Avec son parcours exemplaire et ses saisons de plus de 120 points, Sidney est vite devenu le nouveau héros de Joey.

Joey, qui jouait à l'aile droite, rêvait de faire carrière dans la LNH. Il adorait l'ambiance et l'esprit d'équipe qui régnaient dans un vestiaire. C'est là qu'il a rencontré, entre autres, Thomas, qui est devenu son meilleur ami. Au début, les deux garçons étaient plutôt en compétition pour la même fille, qui venait les voir jouer à l'aréna, mais comme aucun d'eux n'est parvenu à conquérir son cœur, ils ont rigolé de la situation et sont devenus de bons amis.

Le hockey a suivi Joey tout au long de son enfance et une grande partie de son adolescence. Il avait beaucoup de talent et a même été sélectionné dans la catégorie Midget Espoir à l'âge de 15 ans.

C'était tout un exploit, considérant que l'année précédente, il n'avait pas fait son Bantam AA, étape habituellement nécessaire. Joey était un joueur dominant qui marquait en moyenne un but par match. Lors de sa dernière année de hockey, il faisait partie de l'élite de l'équipe des Dynamiques du collège Charles-Lemoyne. Il était alors en cinquième secondaire et avait 16 ans.

À cette époque, ses performances sur la glace lui ouvraient bien grandes les portes d'une carrière de haut niveau dans le hockey. Il pouvait même rêver d'accéder un jour à la LNH, puisque la prochaine étape était de joindre les rangs juniors.

Mais la carrière de comédien de Joey allait bon train, et il était de plus en plus difficile pour lui de concilier les séances d'entraînement, les jours de matchs et les nombreuses journées de tournage.

À l'automne de ses 16 ans, Joey a décidé, non sans peine, d'abandonner le hockey. Il a enterré l'idée de devenir le nouveau Sidney Crosby de la LNH.

La décision n'a pas été facile à prendre, mais son rôle dans *Lance et compte* lui a permis de réunir ses deux plus grands intérêts et talents.

Comme plusieurs scènes de *Lance et compte* ont été tournées à Québec, Joey a passé plusieurs jours de son été dans la Vieille Capitale. Ce fut une fois de plus une belle expérience de groupe, puisqu'il retrouvait sur ce plateau plusieurs de ses amis, dont Mathieu Biron et Jason Roy-Léveillée.

Le comédien a adoré les scènes de matchs dans le Colisée de Québec. Il y avait une ambiance incroyable qui lui donnait l'impression, à certains moments, de jouer véritablement pour une équipe de la LNH.

Joey se souviendra longtemps de la dernière journée de tournage sur le plateau. Jason Roy-Léveillée,

qui incarnait le numéro 13 Guy Lambert, a prononcé une allocution remplie d'émotion. Celui qui, comme Joey, a littéralement grandi au petit écran avec son personnage, a remercié toute l'équipe pour ces belles années. Ce jour-là, Joey s'est vu dans les patins de Jason. Avec la fin des *Parent* qui approchait, il savait qu'il aurait lui aussi bientôt un important deuil à faire.

18

LE GENTLEMAN

Un rôle en particulier a fait vibrer Joey durant sa carrière. C'est celui de Francis, le vilain qu'il a incarné dans la série *Le gentleman*.

Il devait manipuler un fusil et, comme son personnage se fait tuer par balles, il a dû travailler avec un cascadeur pour apprendre à mourir. Il fallait faire les bons gestes et bien tomber pour rendre la scène crédible. Il a aussi eu à apprendre à travailler avec des explosifs qu'il gardait sur lui pour imiter la détonation du fusil.

Il aimerait bien jouer d'autres personnages de composition, des rôles à mille lieues de lui-même et de son personnage de Thomas.

Joey ne cache pas qu'il aime jouer des scènes d'action. Il convoite d'ailleurs un rôle bien précis, celui d'un personnage mythique du grand écran...

Il conduit une voiture sport, porte les plus beaux complets et des chaussures de grands designers italiens, il a tous les gadgets dernier cri et les femmes tombent sous son charme. En plus, il tourne des scènes d'action plus stimulantes les unes que les autres. James Bond, l'agent 007, est le rôle idéal pour Joey.

C'est peut-être un rêve ambitieux, mais Joey se plaît à s'imaginer l'incarner à l'écran. Un jour, peut-être...

19

UN GRAND FRÈRE IMPLIQUÉ

Au petit écran, Joey est le grand-frère d'Oli et de Zach. Dans la vraie vie, il est le grand-frère de Katherine, Mea et Luca. Il prend son rôle au sérieux autant auprès des deux comédiens que de ses trois sœurs et de son frère.

Catherine est la fille de Nathalie. Elle est de neuf ans sa cadette. Joey, qui habite pas très loin de chez elle, n'hésite pas un instant à l'emmener avec lui dans des premières, à La Ronde ou encore au cinéma.

Le plus souvent possible, il rend visite à Mia, Julia et Luka, qui habitent à New Haven. Il passe alors des journées à la plage avec eux, joue au hockey avec son petit frère, bref il tente d'être présent auprès d'eux.

Joey est aussi un grand frère gâteau. Dès que son père refuse un jouet à ses deux sœurs ou à son petit frère, il arrive avec un sac-surprise contenant l'objet tant désiré.

Pour celui qui a grandi fils unique, avoir un frère et des sœurs est le plus beau des cadeaux. Il a d'ailleurs un tatouage avec les prénoms de chacun d'eux. Il est très fier d'être un grand frère.

Il entretient aussi des relations très étroites avec Louis-Philippe et Raphaël, ses frères à la télévision. Lorsque Louis-Philippe était plus jeune, Joey n'hésitait pas à l'inviter à des dîners en compagnie d'amis plus âgés, car malgré la différence d'âge, il s'adaptait toujours aux situations. Il est même souvent arrivé que ce soit Louis-Philippe qui fasse rire la troupe.

Raphaël est aussi très proche de Joey. Il faut dire que les trois garçons ont pratiquement grandi ensemble dans les studios et qu'ils se sont vus plus souvent dans les huit dernières années qu'ils ont vu leur propre famille.

Joey aime s'impliquer dans la vie de tous ses frères et sœurs, y compris ceux du petit écran, mais il aime aussi faire une différence dans la vie des gens en général. Il n'hésite donc pas à endosser certaines causes qui lui tiennent à cœur.

La cause à laquelle Joey tient particulièrement est celle de Leucan, qui vient en aide aux enfants atteints de cancer. Pendant plus de deux ans, il a fait le tour du Québec pour aller à la rencontre d'enfants malades. Il a d'ailleurs été marqué par le courage et le sourire de ces enfants, qui luttent si jeunes pour leur vie.

Il garde un souvenir impérissable de plusieurs d'entre eux, dont le petit Samuel qui a vaincu un cancer et qui fait aujourd'hui des tournois de ski alpin. Joey a aussi été attristé par la mort d'une petite fille qu'il avait croisée à quelques reprises. Il compte continuer de participer à différents événements pour appuyer cette cause.

Il n'hésite pas non plus à chausser ses patins et à jouer au hockey dans le cadre du Face à face des célébrités, un match amical qui a lieu sur la glace du Centre Bell, et dont les profits vont directement à la Fondation des Canadiens pour l'enfance.

Mais la cause qui le touche le plus directement, c'est bien sûr celle des troubles alimentaires. Il n'hésite pas à parler de son expérience dans les médias afin de contribuer à sensibiliser les jeunes.

En 2015, il participe à un défilé dont les profits vont à l'organisme ANEB (Anorexie et boulimie Québec), qui vient en aide aux personnes souffrant de troubles alimentaires. Le nœud papillon qu'il porte lors de cette soirée est d'ailleurs vendu 500 $ lors d'une vente aux enchères pour la cause.

Joey est bien conscient que plusieurs jeunes comme lui sont victimes de troubles alimentaires, et c'est pourquoi il n'hésite jamais à parler ouvertement de son expérience ou à appuyer la cause d'une façon ou d'une autre.

20

LA FIN DES *PARENT*

En mars 2015, des médias québécois annoncent qu'il y aura une huitième saison de l'émission *Les Parent*, mais que ce sera la dernière. L'auteur Jacques Davidts avait prévu en faire sept, mais il y en aura finalement une de plus. Ensuite, il passera à autre chose. Les trois garçons sont devenus grands et il a l'impression d'avoir fait le tour du jardin.

Même s'il savait que ce moment allait arriver, Joey espérait que ce serait le plus tard possible et que cette belle aventure se poursuivrait encore quelques saisons.

Il reçoit la nouvelle avec tristesse, ayant du mal à croire que les scènes qu'il tourne sont parmi les dernières. Le jeune homme préfère ne pas trop penser à cette fin qui approche. Il se dit qu'il a du temps devant lui pour apprivoiser la nouvelle. Dire au revoir à sa deuxième famille sera comme vivre un deuil. Un important chapitre de sa vie qui se termine.

Le rôle de Thomas, qu'il aura joué pendant huit ans, a changé sa carrière et sa vie. Grâce à cette émission, Joey est passé d'une vie d'adolescent tranquille à celle de jeune adulte. Grandir au petit écran a été un privilège pour Joey et le fait d'être constamment entouré d'adultes lui a été bénéfique.

C'est avec beaucoup de tristesse qu'il tirera un trait sur cette expérience, et surtout, qu'il dira au revoir à sa deuxième famille et à l'équipe de techniciens qu'il côtoie plusieurs mois par année depuis son enfance.

Chose certaine, Joey travaille très fort pour se préparer à la fin des *Parent*. Il a même quelques projets personnels qu'il garde secrets pour l'instant.

Il sera de la prochaine saison de la série *La théorie du K.O.* dans laquelle il incarnera un bandit qui vient cambrioler la maison du personnage de Michel

Côté. Joey est heureux de jouer un « mauvais garçon » aux antipodes du personnage de Thomas.

Il a aussi un agent aux États-Unis, où il a déjà passé plusieurs auditions. Il est passé à un cheveu de décrocher un rôle dans le film *X-Men*. Il ne restait que deux comédiens en lice et c'est finalement l'autre qui a décroché le rôle !

Il a aussi tenté sa chance dans la série américaine *Game of Thrones*. Joey n'avait alors que 18 ans et le rôle à pourvoir demandait d'en avoir 26. Il était donc trop jeune, mais les réalisateurs ont beaucoup aimé son audition et ont promis de garder sa candidature en tête pour un éventuel rôle.

Joey a également passé une audition pour un premier rôle dans un film de la chaîne Disney Channel, mais cette fois, il était trop vieux pour jouer le personnage.

Il ne désespère pas, il connaît la musique et sait qu'un rôle arrive souvent au moment où l'on s'y attend le moins.

En janvier 2016, il lancera ses dernières répliques dans la peau de Thomas Parent. Il tournera ensuite la page de ce grand livre qui aura été pour lui une belle aventure et une incroyable école. C'est sur ce plateau qu'il a appris son métier et qu'il est devenu peu à peu un homme.

En quittant le décor des *Parent* et en sortant des Studios Mel's ce jour-là, le jeune homme se retrouvera devant une page blanche. Il n'y a aucun doute qu'il saura bien la garnir. Chose certaine, il compte bien y inscrire les titres de quelques films québécois, et peut-être aussi de quelques séries télévisées. Et qui sait ? Peut-être dans un avenir pas trop lointain pourra-t-il y écrire les chiffres 007... du célèbre James Bond.

Joey Scarpellino 5e a prouvé qu'il est un jeune homme rempli de talent. Il a la détermination nécessaire pour traverser les frontières et laisser sa marque là où son destin le mènera.

CHRONOLOGIE

1994   *Naissance de Joey Scarpellino (31 mai).*

1995   *Joey s'installe avec sa mère à New Haven.*

1995   Deuxième référendum sur la souveraineté du Québec. Le camp du « Non » l'emporte.

1998   Une tempête de verglas s'abat sur Montréal et la Montérégie, privant des milliers de Québécois d'électricité pendant plusieurs jours.

1999   *Joey entre à l'école Saint-Lucien, à Saint-Jean-sur-Richelieu.*

2001   Sidney Crosby atteint le cap des 50 buts dans la Ligue nationale de hockey.

2002   Le groupe montréalais Simple Plan lance son premier album : *No Pads, No Helmets… Just Balls.*

2002   *Décès de Joe Duck, Joey Scarpellino 3ᵉ.*

2004   Première édition de *KARV, l'anti.gala,* à VRAK.TV.

2004   *Joey entre à l'école d'art dramatique La Bulle.*

2006   Mario Lemieux, l'idole de Joey, prend sa retraite du hockey.

2008   *Joey décroche le rôle de Thomas dans* Les Parent.

2008 :   450ᵉ anniversaire de la ville de Québec.

2010   *Joey incarne le personnage de Francis dans la série* Le gentleman.

2010	Lancement de la première tablette numérique iPad d'Apple.
2011	*Joey remporte pour la première fois le titre de « Personnalité de l'année » de KARV, l'anti.gala.*
2012	*Joey fête ses 18 ans.*
2012	Pauline Marois devient la première femme élue au poste de premier ministre du Québec.
2013	*Joey lance la chanson Je t'aime encore sur iTunes.*
2014	*Joey décroche le rôle de Scott Crawford dans Lance et compte, la finale.*
2014	P.K. Subban, le défenseur des Canadiens de Montréal, signe un contrat de 72 millions de dollars pour huit ans.
2015	*Joey tourne dans la série La théorie du K.O., à Radio-Canada.*

LES COLLABORATEURS

Patrick Delisle-Crevier avait six ans lorsque sa voisine Violette lui a offert une pile de magazines *Le Lundi*. Il adorait déjà l'univers merveilleux de la télévision, mais là, ce fut le coup de foudre ! Dès lors, il n'a plus joué aux petites voitures, ni au ballon chasseur. Il a joué à être journaliste et ses oursons en peluche ont été les premières vedettes qu'il a interviewées. À l'adolescence, il a écrit une cinquantaine de textes pour la chronique *La Jeune Presse* dans *La Presse*. Après des études en communications, il a travaillé comme recherchiste pour plusieurs émissions de télévision. Par la suite, il a collaboré au magazine *La Semaine*. Aujourd'hui, il est journaliste pour les magazines *7 Jours* et *Le Lundi*. Il collabore également au journal *24 h*, au *TV Hebdo* et à l'Agence QMI. Il est l'auteur de *Raconte-moi Marie-Mai,* dans la même collection.

Josée Tellier a toujours été passionnée par l'illustration, depuis la maternelle ! Très tôt, elle savait qu'elle gagnerait sa vie dans ce domaine. Avec son rêve en tête, elle se pratiquait à dessiner tous les jours, ce qui lui vaudra plusieurs prix dans divers concours régionaux. Cet intérêt prononcé pour les arts l'amènera à poursuivre ses études en graphisme. Des projets variés s'ajouteront à son portfolio au fil des années, dont des collections de mode pour les jeunes, des expositions et plusieurs couvertures de romans jeunesse, dont celles de la populaire série *Le journal d'Aurélie Laflamme*, d'India Desjardins.

TABLE DES MATIÈRES

DANS LA MÊME COLLECTION

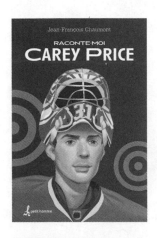

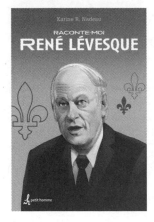

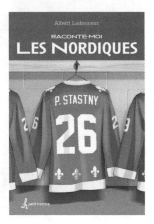